소나기로 쓴 편지

소나기로 쓴 편지

초판 1쇄 발행 2024년 12월 1일

지은이 김미애
펴낸이 장길수
펴낸곳 지식과감성#
출판등록 제2012-000081호

교정 이주희
디자인 강샛별
편집 강샛별
검수 김나현, 이현
마케팅 김윤길, 정은혜

주소 서울시 금천구 벚꽃로298 대륭포스트타워6차 1212호
전화 070-4651-3730~4
팩스 070-4325-7006
이메일 ksbookup@naver.com
홈페이지 www.knsbookup.com

ISBN 979-11-392-2258-6(03810)
값 10,000원

• 이 책의 판권은 지은이에게 있습니다.
• 이 책 내용의 전부 또는 일부를 재사용하려면 반드시 지은이의 서면 동의를 받아야 합니다.
• 잘못된 책은 구입하신 곳에서 바꾸어 드립니다.

지식과감성#
홈페이지 바로가기

소나기로 쓴 편지

김미애 시집

"소나기처럼 짧지만 강렬한 시"

영혼의 쉼터가 될 수 있기를 — 임완근 시인 축하의 글

  시인의 간결한 작품 속에는 사람과 사회에 대한 깊은 연민과 애정 그리고 자연에 대한 경외심이 한데 어우러져, 흔들림 속에서도 시들지 않고 생명을 이어 가는 잡초 같은 생명력과 고요한 울림이 있습니다. 자연의 섬세한 속삭임과 그 속에서 발견되는 인간 존재의 미묘한 조화를 담아낸 시어들은 독자들에게 단순한 위로를 넘어서는 것으로 풀 한 포기, 나무 한 그루에 담긴 생명의 비밀을 탐구하며 그 속에서 발견한 깊은 통찰력으로 세상과 이웃을 아름답고 따듯하게 물들일 것입니다.

  김미애 시인님의 시집이 문학적 여정의 시작점이자, 앞으로도 많은 이들에게 영혼의 쉼터가 될 수 있기를 진심으로 기원합니다.
  축하합니다.

임완근 시인

웃어도 숨어도 그대는 보이시네 — 김금분 시인 축하의 글

　잘 살아온 것과 잘 견뎌 온 것의 사이, 그곳에 아름다운 김미애 시인이 있다.
　문턱이 없는 그 느낌이 무엇인지 촌철살인의 시들을 보면 알 것이다.
　5행으로 이뤄진 짧은 시 한 편마다 시의 미덕이 다 들어가 있기에 경탄한다. 시는 언어로 그린 그림이며 리듬이 있어서 음악성을 갖추고 있을 때 읽는 즐거움과 공감을 불러일으킨다.
　이 책은 군더더기 없는 묘사가 압권이다.
　성품처럼 진솔한 진술의 행간에서는 감동으로 우리를 머물게 한다.
　"우리의 인연을 / 잊으면 안 된다고 밑줄 긋는(「책」)", "우리들의 추억을 잊어버리자고 / 술주정하는 대낮(「낮술」)", "너는 내게 꽃을 주고 / 다음 사람에게 가라 했지(「남자의 사랑」)", "누구와 이별이 시작되어도 / 잘된 일이라 생각(「이별」)"과 같은 발상들은 이미 김미애 시인이 자기의 작품 세계를 구축하고 자기 스타일을 갖춘 시인임을 입증하고도 남는다.
　특별한 친구 "금의"를 놓고는, "세계어로 합창하는 개굴개굴 / (중략) / 가슴을 묻고 엉엉 울었지 / 내 친구 어디 있나(「금의」)"라고 한다. 시인과 가장 가까운 친구 금의는 일본에 살고 있는 듯싶다. 개구리가 울어도 세계어로 함께 울고, 그 울음을 다 뒤져도 그리운 친구 금의는 현재 시인 곁에 없는 애절함을 시로 형상화해 냈다.

  어느 한 편도 시시한 것이 없는 이 시집 속에서 한 편을 뽑아 든다.

  내 인생은 몇 점인가
  화살을 쏘았지 상처 번뇌
  반성으로 쏜 화살은
  다 어디로 가고
  다시 쏜 화살은 95점에 꽂혔네

                               -「과녁」 전문 -

  평소 명랑함과 순수한 감수성을 보여 준 김미애 시인의 작품을 통해 그의 진면목을 대하게 되었다. 문학적 역량도 뛰어나고, 시어를 다루는 솜씨 또한 군더더기 없는 덕목을 갖추었다. 무엇보다도 인생의 점수로 95점을 매

길 수 있는 자존감과 겸손한 인생의 기준점을 발견할 수 있었다. 참 아름다운 시인이 우리 곁에 있음에 행복하다.

김금분 시인

작가의 말

2017년부터 짧은 시를 썼습니다.

산다는 건 어쩌면 그 무언가를 만나기 위해 사는 게 아닐까 싶습니다. 그 무엇이 무엇인지는 저마다 다르기에 인생의 순간순간 나에게 온 시어들을 행운이라 믿으며 세상에 내놓고 싶었습니다. 내가 살아온 이야기는 꼭 저만큼의 기쁨과 행복 슬픔과 외로움이 반복되고 있었습니다. 이제 와 생각해 보면 저 스스로 잘 살아왔다는 칭찬보다 잘 견뎌 왔다며 대견한 자신을 위로하면서 지금부터는 그만큼의 좋은 일들이 단비처럼 함박눈처럼 햇살처럼 와르르 쏟아질 거라는 믿음이 있어 자연이라는 든든한 울타리에 의지합니다.

시인으로 등단을 할 수 있도록 이끌어 주신
해피아트빌리지 대표 임완근 시인님
필라델피아에 계시는 조순자 선생님
춘천에 계시는 김금분 시인님께 감사를 드리고
일본에 있는 친구 금의에게 소식을 전하며
우리 가족에게 고마움을 전합니다.

시인 김미애 올림

목차

영혼의 쉼터가 될 수 있기를   4
― 임완근 시인 축하의 글

웃어도 숨어도 그대는 보이시네   5
― 김금분 시인 축하의 글

작가의 말   8

1부
소나기로 쓴 편지

1 고독	14
2 책	15
3 백로	16
4 끈	17
5 새들은	18
6 시집	19
7 공상	20
8 피에로	21
9 온도	22
10 낮술	23

11 짧은 사랑	24
12 추억 하나	25
13 소나기로 쓴 편지	26
14 그리움	27
15 착각	28
16 춤	29
17 허세	30
18 부탁	31
19 그녀	32
20 내 꽃에서	33
21 제비꽃	34
22 금의	35
23 시름	36
24 그리움	37
25 추억	38
26 맹세	39
27 꽃다발	40
28 남자의 사랑	41
29 편지	42
30 꽃병	43
31 꽃물	44
32 선약	45

33 민들레	46
34 우연	47
35 겨울의 명령	48

2부
늙은 꽃이 건네준 시

1 달그림자	50
2 다시는 안 보리라	51
3 귀뚜라미	52
4 마음	53
5 손 편지	54
6 한때	55
7 무궁화	56
8 그 사람	57
9 장미와 망초꽃	58
10 기도	59
11 허영	60
12 재회	61
13 이별	62
14 당신의 첫눈	63
15 꽃신	64

16 꽃	65
17 거짓 사랑	66
18 받아쓰기	67
19 봄밤	68
20 봉숭아 꽃물	69
21 제비꽃	70
22 너를 위해	71
23 늙은 꽃이 건네준 시	72
24 말해 주겠니	73
25 그녀가 떠나던 날	74
26 스승	75
27 가을 운동회	76
28 낙화	77
29 나이	78
30 양귀비꽃	79
31 과녁	80
32 높은음자리표	81
33 사랑	82
34 예의	83
35 인형	84

1부 소나기로 쓴 편지

고독

나 고독했으나
태풍을 두려워하지 않았고
곁에 있어 준다는 너의 고마운
침묵에 비 내릴 때
빗방울도 따라 웃었지

책

눈시울 붉어지면
일요일 낮잠처럼 주고받은 대화
빗줄기 붙잡고 찾아온
우리 인연을 잊으면
안 된다고 밑줄 긋는다

백로

개울물에 젖은 초록빛 향해
빗방울을 세고 있는 백로야
물속에서 모래성을 쌓지 말아라
너도 나도 외로운
모래알이니까

끈

비를 맞아도
햇살이 되어 주는 사람
인연의 끈이 닳아도 놓지 않는 사람
소중한 건 잊지 말자고
맹세하며 살아온 세월

새들은

곧 가을이 시작된다고
장맛비를 꺾어 허수아비에게
새 옷을 입혀 주는데
여기 수많은 새들은
벌써 어디로 날아갔을까

시집

바람은 꽃구름을 불러와
새벽을 놓지 않는
간절한 기도처럼
당신의 시집 한 페이지씩 끌어안고
빗소리로 읽고 있었다

공상

공상의 날개는
구름을 만나 붓을 들었지
저기 꽃잎마다 요술 붓으로
나비를 그리는 중이라며
빗물은 물감을 흔들었지

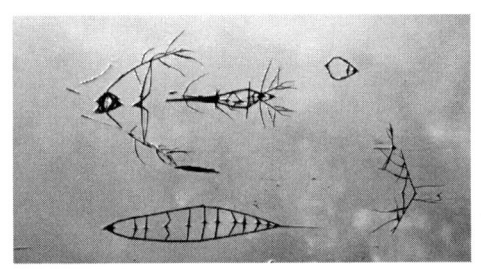

피에로

누구의 피에로인가
도도한 웃음으로 울음을 누르고
슬퍼하지 말라는
봄비가 흰 분칠을 지울 때
나는 당신의 피에로였다

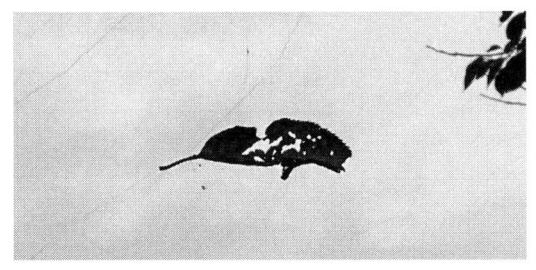

온도

외로움을 앓고 있는
너의 궁색함에 적선하듯
봄비 한 방울 풀어 놓으면
따뜻한 온도로 너의 마음을
채워 주면 좋겠네

낮술

가을비의 침묵엔
언제나 술병이 기웃거리고
낮술에 취해 쓴 편지는
우리들의 추억을 잊어버리자고
술주정하는 대낮이다

짧은 사랑

열애설이 나돌던 뜨거운 여름에서
가을까지 사랑은 없었다
우리가 헤어진 건
최고의 선물이라며
찬비만 내리고 있었다

추억 하나

여우비는 우리를 갈라놓고
어디로 갔을까
조약돌만 한 내 사랑을 빼앗아
그리움을 데리고
먼 추억 속으로 갔을 거야

소나기로 쓴 편지

이별을 인정하자고
미련을 버렸지
재회를 믿지 않는 나에게
너는 외로워서 다시 올 거라며
소나기로 쓴 편지를 보냈지

그리움

소낙비를 좋아한
나의 추억은
냇가에서 놀고 있는데
그 많은 친구들은 어디로 갔을까
무지개다리 건너온다면 좋겠네

착각

늦여름 안개는 꽃잎에
독백으로 쉬어 가고
연민이라 믿었던 당신은
가을비로 내게 찾아와 사랑한다
고백하면 어쩌나

춤

산다는 것에
해설이 필요 없는 다 자란 풀잎은
시린 발등을 덮는다
겨울 빗소리로 춤추는 언덕
나도 덩달아 춤춘다

허세

허세를 앞세워 세월을 믿은
나의 시계는 시침을 빼자
추억에 매달린 분침은
빗물에 하얘지고
초침만 당당하게 걷는다

부탁

가을비에 첫사랑이 다시 오고
물방울로 수놓은
첫서리로 피워 낸 국화꽃이
나를 잊을 때까지만
사랑을 지켜 달라 해야지

그녀

그녀는 웃으며
빗속에 들어가 울고 있었지
영혼의 무게에 눌린
물 같은 사랑에 미련과
외로움을 저승까지 가져갔을까

내 꽃에서

꽃씨 뿌리러 갔다가
꽃 시를 썼습니다
내 손끝에서 꽃이 피고
내 꽃에서 사는 시는 당신이 되어
멋진 가을로 왔습니다

제비꽃

도깨비처럼 겨울을 뒤집고
따뜻한 봄비 내리면
보랏빛 엽서를 들고 와
보고 싶은 친구에게 꽃잎으로
편지를 쓰라고 하네

금의

비 오는 밤
세계어로 합창하는 개굴개굴
그 소리가 정겨워 논바닥에
가슴을 묻고 엉엉 울었지
내 친구 어디 있나

시름

우리의 인연은 여기까지라고
빗소리 듣지 말자던
그대는 거미줄 타고
나무 위로 올라가
이별의 빗줄기를 세고 있었네

그리움

되돌아가면 만날 수 있을까
겨울비에 취한 노을은
눈 덮인 바다에 엎드려
추억을 파도에 숨기고
모래알을 울리며 떠났네

추억

모래시계에서
빠져나온 내 시집은
가을비처럼 달콤하고
삼생에 걸친 만남으로 행복했다고
다시 모래시계 속으로 들어가네

맹세

장대비 떼어 너에게 갔다
인연의 공식은
이제는 필요 없다고
맹세한 사랑이 죽어 가던 날
여름에 헤어지자던 가을아

꽃다발

어떤 추억은 비가 되어
우리의 수필로 살고
어떤 시는 장미밭에서
사랑하는 사람에게 줄
꽃다발을 만들고 있을 거야

남자의 사랑

너는 내게 꽃을 주고
다음 사람에게 가라 했지
가을비 멈추기 전에
고독한 누군가를
만나러 갈 수 있다면 좋겠네

편지

당신이 편지를 들고
빨간 우체통 앞에 있을 때
나는 당신에게
줄 편지를 찢어
함박눈으로 날려 보내고 있었지

꽃병

꽃이 되지 못한 장맛비 꺾어
꽃병에 꽂으면
내 유리창에 그림자로 남아
헤어지기 싫다고 매일매일
징징거리는 장맛비

꽃물

꽃물이 든 가을빛으로
여우비가 세시에 내려준다면
그 사람은 풀잎으로 튀어
나에게로 온다면
외로움은 그리움이 되겠네

선약

다 자란 별들이
껑충껑충 뛰는 밤
흔들리던 가루비 강가에 날리면
백일홍으로 피어 가는 밤
이것이 너의 선약이었구나

민들레

가을비 받아먹은 물고기처럼
나는 겨울비에
나이를 받아먹었다
운명처럼 떠나갈 홀씨는
슬프고 노오란 연서를 쓰고 있다

우연

인연은 약속 없이 와 설레고
이별은 약속으로 와 울고불고
이것이
지나갈 운명이라면 다 잊고
다시 사랑하자는 봄비

겨울의 명령

울음을 그친 국화에서
빗물이 쏟아진 건
가을이 빌려주는 재회였으며
꽃잎처럼 인연을 잘 피우라는
겨울의 명령이었다

2부 늙은 꽃이 건네준 시

달그림자

초승달처럼 새순이 돋고
벚꽃 잎처럼 둥근달이 피는 봄
꽃잎이 밤바람에
떨어진다 해도 달빛 그림자
지우지 말아야지

다시는 안 보리라

익숙한 사랑에 웃고
무능한 사랑에 속고
다시는 안 보리라 너를 향한
마음의 문을 걸어 잠그자
바람도 박수를 쳤지

귀뚜라미

사랑과 미움이
다 부질없음을 우리는 알아
무의식에서 길어 올린
다른 사랑이 오면 견뎌 내자는
귀뚜라미 소리가 좋다

마음

마음 밖에 있는
허상을 잊어버리자
바람 위로 굴러온 깨달음을 알았을 때
우리 인연은
마음 안에서 꽃으로 살자 하네

손 편지

추억은 봄날의 전생처럼 그리워라
바람도 늙고 꽃도 늙고 강물도 늙고
늙지 않는 건
책갈피 속에 있는
고운 손 편지

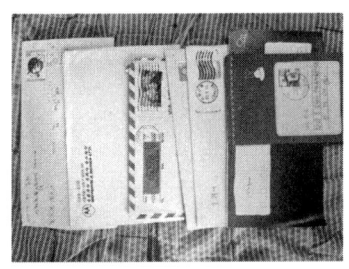

한때

한때 그리워한 내 시간들이
사라지면서
또 한때를 맞이하는 봄밤
목련 꽃잎에 그려 놓은 사연
그리운 얼굴들 어디 있나

무궁화

무궁화꽃은
절세의 세계로 가기 싫다며
겨울의 쓰디쓴 향기로 소곤거릴 때
나도 꽃향기 접은 겨울로
가기 싫어졌다

그 사람

나와 헤어지지
않겠다는 사람은
자연의 진리에 상심했다며
원주천에 나만 홀로 두고
무엇을 찾으러 갔는지 말해 다오

장미와 망초꽃

장미의 향기
그 붉은 유혹을 스쳐 와
먼저 핀 망초꽃이 널 대신할 때
오지 마라 싫은 소리 못 하고
난 널 기다리네

기도

눅눅한 기분을
햇살에 굽는 가을이지
여름처럼 특별한 기도를 드렸지만
여전히 응답 없는 신의 수단으로
피워 낸 나팔꽃

허영

달은 어둠의 패션이라며 허영의
옷을 입고 사방팔방 다녔지
알람 소리에 허영을 벗고
집으로 가는 길
울다가 웃었다

재회

추억 속을 걸을 때
이미 넌 저만치서
나를 기다리고 있었고
서로 피할 수 없었던 인연으로
우리 다시 시작하자고 했다

이별

누구와 이별이 시작되어도
잘된 일이라고 생각하자
고맙다는 인사로
곁에 있는 추억도
풍경 소리에 매달려 멀리 가겠지

당신의 첫눈

수제비 뜨듯이
떨어지는 눈은
당신의 눈물 젖은 손수건
상처에 소독약 바르며
괜찮다며 눈물을 닦아 주는 당신의 첫눈

꽃신

꽃신 신고 걸어가는
바람이 나에게 속살거린다
그 어떤 욕심도 없다고
이미 꿈을 이루었는데
무엇을 더 바라겠느냐고

꽃

바람의 밑동을 잘라 내는 건
꽃이라는 걸 알았다면
가시 품은 꽃을 무서워하길
꽃은
꽃 아닌 무엇이든 벨 수 있으니

거짓 사랑

너의 사랑은
갈대의 소리로 꼬리를 흔들고
누구의 눈동자 속으로 들어가
사랑한다는 거짓말로
또 다른 상처를 주겠지

받아쓰기

장미를 쓰라면 아프다 쓰고
사랑을 쓰라면 슬프다 쓰고
당신을 쓰라면 없다고 쓰고
모든 건
지우개 똥이 되었네요

봄밤

너의 능력은 벚꽃으로
원주천이 화려하고
흰 구름 떨어진 자리마다
목련 꽃이 따라와 피었는데
우리는 어디서 만날까

봉숭아 꽃물

손끝에 닿은 꽃잎은
해거름에 빨간 노을이 되고
너의 첫사랑은
겨울을 안고 와 가물거리는
연한 그리움에 아프다

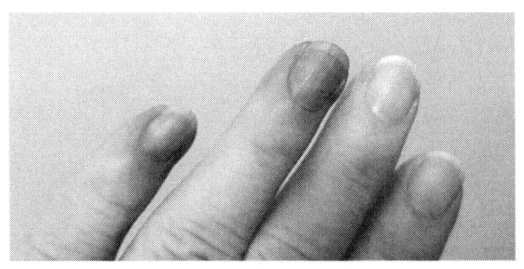

제비꽃

바람 한 줌으로
소중한 인연을 지키는 사람
세월에 맡겨 놓은 우리를
제비꽃처럼 살아가게 해 달라
기도하던 내 사람아

너를 위해

지금 눈이 온다면
너에게 가야지
가로등에 놓인 편지지에
기쁨을 다지고 볶아 너 닮은
눈사람을 만들어 함께 가야지

늙은 꽃이 건네준 시

나에게 지고지순함을 바쳤지만
사랑해서 떠났다는
늙은 과꽃의 슬픈 시를 읽을 때
타인은 나를 보고
울고 있었다

말해 주겠니

어떤 생각
어떤 우연이 해바라기처럼
그리움으로 고개 숙일 때
날 위해 변함없이
굳건히 있어 줄 거라 말해 주겠니

그녀가 떠나던 날

물소리 바람 소리에
울음을 섞었지
잘 가라 허공을 향해
손 흔들어 소리치며 이별하는
그리움을 그녀는 몰랐을 거야

스승

몸은 늙고
마음도 약해질 때
스승이 누구냐 물으면
이슬이 몸을 뒤척이던 언덕에
나무를 올려다보는 풀들이지

가을 운동회

만국기 펄럭이던 운동장
수많은 사람들 그리움 안고
어디로 갔을까
모래알로 남아 있는 그들은
사진 속으로 갔을 거야

낙화

낙화의 이유를 묻지 말고
그리움을 만들지 말라던 바람은
등불처럼 매달린
꽃송이 앞에
붉은 손톱을 기르고 있었다

나이

나이 들면서 쓸쓸해지는 건
사람들은 성숙해져
서랍 속으로 들어가
나오지 않기 때문이지
나는야 성숙해지고 싶지 않아

양귀비꽃

내가 바람이라면
어떤 위로로 너에게 다가갈까
나를 사랑해 줘서 고마웠다고
너를 찾아 꽃밭을 헤매었다면
위안이 되겠니

과녁

내 인생은 몇 점인가
화살을 쏘았지 상처 번뇌
반성으로 쏜 화살은
다 어디로 가고
다시 쏜 화살은 95점에 꽂혔네

높은음자리표

걷다 보니 가을이네
언덕에 꽃들은 라라라라
높은음자리표로 노래를 부르면
나는
슬픈 노래는 부르지 말라 했지

사랑

멀리 있다 생각하면 그립고
가까이 있다고 생각하면 치근거리고
사랑은
늘어질 대로 늘어진
시들지 않는 장미 넝쿨이지

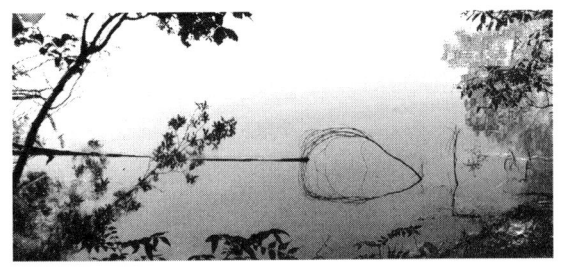

예의

꽃향기에 발목 잡힌 나는
너를 기다리다 지쳐
바람으로 꽃밭에 날아가면
나비 벌 잠자리 찾아와
내게 인사하고 가네

인형

작은 마루 인형을
둘째 동생이 사 줬다
유년 시절 김미애다운 인형이라며
환갑 지나 인형 선물을 받고
온종일 웃었다